AF452390

UNION CENTRALE DES ARTS DÉCORATIFS

PALAIS DE L'INDUSTRIE — PORTE VII

EXPOSITION

DES

Arts de la Femme

Exposition

DES

Arts de la Femme

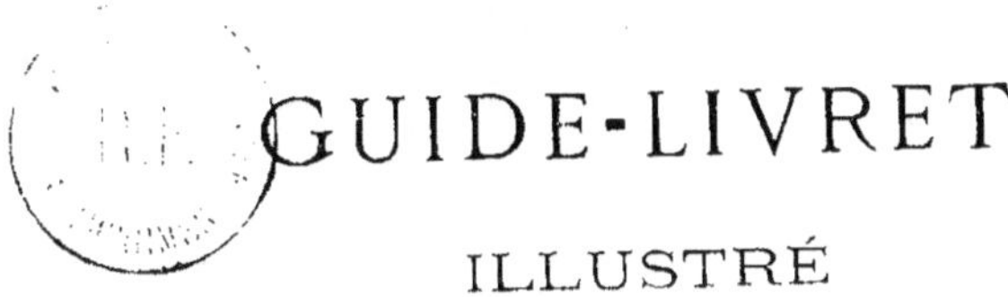

GUIDE-LIVRET

ILLUSTRÉ

Prix : UN Franc

PARIS

IMPRIMERIE DE A. WARMONT

22-24 — *Galerie d'Orléans* — 22-24

PALAIS-ROYAL

1893

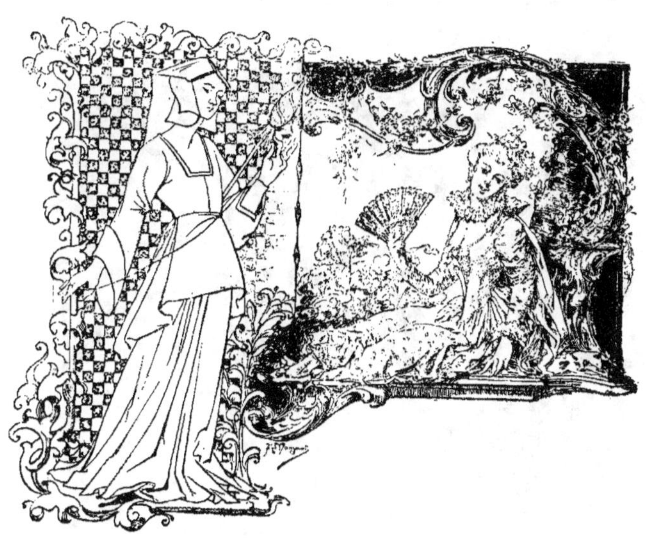

LES ARTS DE LA FEMME

2ᵉ EXPOSITION

RÉSERVÉE AUX

TRAVAUX D'ART DÉCORATIF

EXÉCUTÉS A LA MAIN PAR DES FEMMES

Cette Exposition a pour but non seulement de développer chez les Femmes du monde le goût de ces Travaux élégants qui, sous leurs doigts habiles, deviennent la parure de la personne et du logis, mais encore de procurer à la femme qui cherche ses ressources dans un travail rémunéré, la facilité de se faire connaître et de faire apprécier ses œuvres.

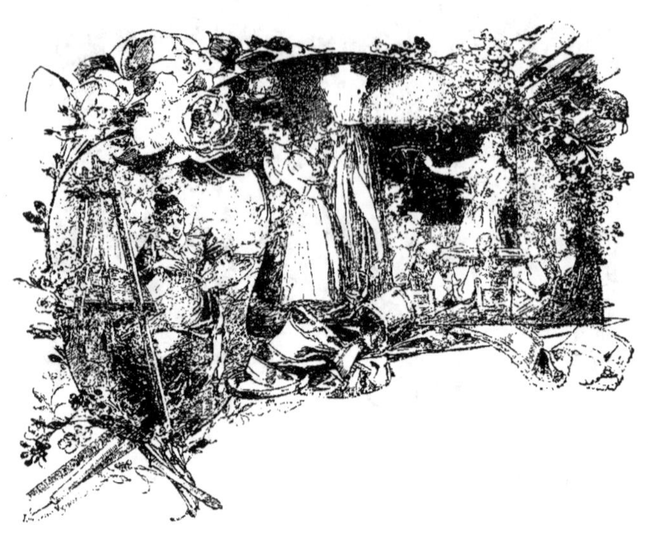

TRAVAUX A LA MAIN

CLASSIFICATION

Travaux à l'aiguille.

Ouvrages de Dames : Broderie; Crochet; Tricot; Tapisserie; Lingerie; Dentelles; Passementerie ; Modes, etc.

Travaux de Peinture et de Dessin.

Peinture : sur Faïence, Porcelaine et Verre — Peinture en Émail — Peinture sur Étoffes et sur Éventails — Panneaux décoratifs — Papiers décorés — Illustrations — Enluminures — Pyrogravure — Dessins et Modèles pour les Industries décoratives, etc., etc.

Travaux de Sculpture et de Gravure.

Sculpture d'Ornement : Pierre, Bois, Ivoire, Matières plastiques — Gravures artistiques — Ciselure, Repoussé sur Métal — Lithographie, etc.

Travaux divers.

Fleurs artificielles et Plumes — Vannerie et Maroquinerie — Bimbeloterie — Reliure ornée — Photographies de l'Art décoratif, etc.

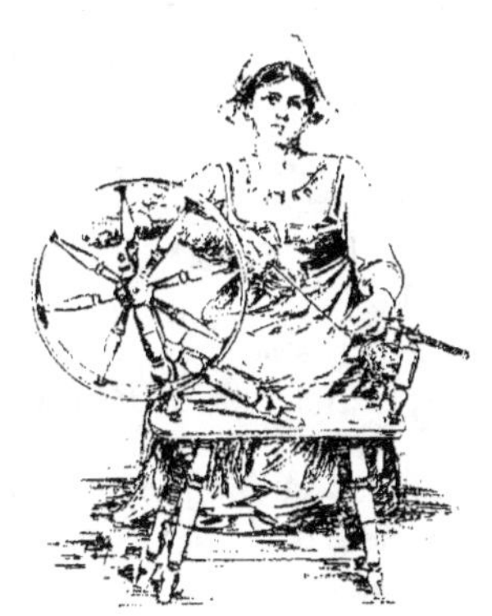

RÈGLEMENT GÉNÉRAL

DISPOSITIONS GÉNÉRALES

ARTICLE PREMIER. — Les demandes d'admission devront être envoyées, franc de port, au secrétariat de l'Union Centrale (Palais de l'Industrie, Porte VII), le plus tôt possible, et au plus tard le 15 mars 1895. L'Administration prononcera l'admission des œuvres et des objets proposés, suivant qu'elle les jugera dignes de figurer à l'Exposition, et conformes au programme de celle-ci.

ART. 2. — Les ouvrages et les objets admis devront être rendus au Palais de l'Industrie, au plus tard le 15 avril, à 4 heures du soir.

Les objets qui ne seraient pas installés le 20 avril, à 4 heures du soir, seront rendus à leurs propriétaires.

ART. 3. — L'Administration prendra des mesures pour préserver de tous accidents les objets exposés ; à cet effet, une surveillance de jour et de nuit sera exercée, mais, en aucun cas, l'Administration de l'Union Centrale ne sera responsable des vols, bris, avaries ou incendies qui pourraient survenir.

ART. 4. — Chaque Exposant aura droit à une carte d'entrée permanente et personnelle. Les Exposants pourront se faire représenter par des agents de leur choix, agréés par l'Administration ; ils devront indiquer les nom et qualité de chaque agent à qui il sera délivré une carte d'entrée personnelle ; ces cartes ne pourront être cédées, ni prêtées, sous peine de retrait.

ART. 5. — L'Administration prend à sa charge le service de police de l'Exposition : elle veillera strictement au bon ordre intérieur et à l'application du Règlement qui sera rédigé dans ce but.

ART. 6. — Aucun objet ne pourra être reproduit, sous quelque forme que ce soit, sans une autorisation signée de l'Exposant, et visée par l'Administration qui se réserve la reproduction des vues d'ensemble.

ART. 7. — Dès le lendemain de la clôture, les Exposants devront procéder à l'enlèvement de leurs produits et de leurs installations.

Cette opération devra être terminée, au plus tard, quatre jours pleins après la fermeture. — Passé ce délai, les produits et les installations qui n'auraient pas été retirés, seront emmagasinés d'office aux frais et risques des Exposants.

Les objets qui, au 1er novembre suivant, n'auraient pas été retirés, pourront être vendus en vente publique.

Mme Pégard est chargée de l'exécution des décisions du Conseil d'Administration de l'Union Centrale, en ce qui concerne l'Exposition et les dispositions du présent Règlement. Toutes les correspondances y relatives devront lui être adressées à l'Union Centrale des Arts Décoratifs, Palais de l'Industrie (Porte VII).

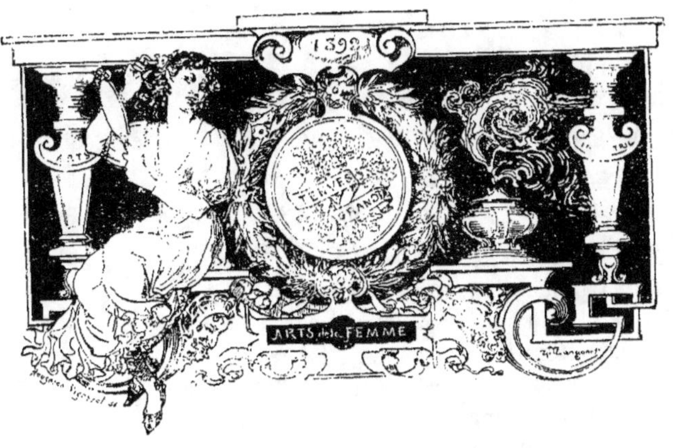

CONSEIL D'ADMINISTRATION

L'UNION CENTRALE DES ARTS DÉCORATIFS

BUREAU

MM.

BERGER (Georges), *président du conseil*, 8, rue Legendre.

BOUILHET (Henri), *premier vice-président*, 56, rue de Bondy.

GUILLAUME (Eugène), *président de la commission de l'enseignement*, 5, rue de l'Université.

ROSSIGNEUX, *vice-président de la commission de l'enseignement*.

AYNARD, *président de la commission du musée*, 4, avenue Van Dyck.

MACIET, *vice-président de la commission du musée*.

CORROYER (Edouard), *président de la commission des finances*, 11, rue de Courcelles.

Lefébure (Ernest), *secrétaire*, 15, boulevard Poissonnière.
Krafft, *secrétaire*, 1, rue Bayard.
Braquenié (Henri), *trésorier*, 211, rue de l'Université.

MEMBRES

MM.

Bapst (Germain), 4, rue Boissière.
Biron (Marquis de), 23 *bis*, rue de Constantine.
Béraldi (Henri), 10, avenue de Messine.
Biencourt (Marquis de), 65, rue de l'Université.
Boucheron, 26, place Vendôme.
Chatel, 82, rue des Petits-Champs.
Colin (Paul), 1, quai Malaquais.
Christofle (Paul), 56, rue de Bondy.
Courajod (Louis), 43, rue Vital.
Cruchet (Albert), 20, rue Pétrelle.
Davanne, 82, rue des Petits-Champs.
Delamarre-Didot, 10, avenue Percier.
Dreyfus (Gustave), 101, boulevard Malesherbes.
Dujardin-Beaumetz, 34, rue Washington.
Duplan, 2, rue des Pyramides.
Ephrussi (Charles), 11, avenue d'Iéna.
Falize (Lucien), 6, rue d'Antin.
Firmin-Didot (Alfred), 61, rue de Varenne.
Follot, 43, boulevard Diderot.
Fould (Léon), 38, Cours-la-Reine.
Gagneau (Georges), 115, rue Lafayette.
Ganay (Marquis de), 5, rue François Ier.
Gérard (Baron), 85, faubourg Saint-Honoré.
Grados (Léon), 106, boulevard Richard-Lenoir.
Guilbert (Martin), 20, rue Génin, Saint-Denis (Seine).
Honoré (Frédéric), 4, rue de Solférino.
Lafenestre (Georges), conservateur au musée du Louvre.
Lœbnitz (Jules), 4, rue Pierre-Levée.
Mahou (Léonce), 71, faubourg Saint-Honoré.
Mannheim (Charles), 7, rue Saint-Georges.
Martin (Arthur), 11, rue des Petites-Écuries.

PEREIRE (Henri), 33, boulevard de Courcelles.
ROTY (Oscar), 1, rue Mirabeau.
SALVERTE (Comte de), 54, avenue Marceau.
TAIGNY (Edmond), 41, avenue Montaigne.
TEMPLIER (Armand), 24, boulevard Saint-Michel.
VOGÜÉ (Marquis de), 2, rue Fabert.

Conseil judiciaire :

MM.

CONSTANT, *avocat*, 28, rue de Vaugirard.
CHAMPETIER DE RIBES, *avocat*, 46, rue Cambon.
WALDECK-ROUSSEAU, *avocat*, 35, rue de l'Université.
MARTIN (Charles), *avoué*, 6, rue Grange-Batelière.
SECOND, *notaire*, 7, rue Laffitte.

COMITÉ D'ORGANISATION

MM.

BERGER (Georges), *président de l'Union Centrale.*
BOUILHET, *premier vice-président de l'Union Centrale.*
LEFÉBURE, *secrétaire du Bureau du Conseil d'Administration.*
MACIET, *vice-président de la commission du musée.*
Mme PÉGARD, *organisatrice de la section des femmes à l'Exposition de Chicago.*
M. LORAIN (Paul), *architecte de l'Union Centrale,* 38, rue Gay-Lussac.

COMITÉ DES DAMES

Présidente : Mme la Générale FÉVRIER.

Membres :

Mmes

Comtesse DE BEAULAINCOURT, Comtesse RENÉ DE BÉARN, GEORGES BERGER, Princesse BIBESCO, PAUL BIOLLAY, BLANC BENTZON, HENRI BOUILHET, Princesse DE BROGLIE, BROUARDEL, CAVAIGNAC, CHARCOT, PAUL CHRISTOFLE, DELAVILLE-LE-ROULX, Générale DERRÉCAGAIX, Duchesse D'ESTISSAC, FRANCK-PUAUX, Baronne DE GARTEMPE, LÉON DE GOSSELLIN, Comtesse GREFFULHE née DE LA ROCHEFOUCAULT, Comtesse GREFFULHE née DE CARAMAN-CHIMAY, HARDON, JONNART, KRANTZ, ERNEST LEFÉBURE, MADELEINE LEMAIRE, LEVYLIER-GOUDCHAUX, MOREAU-NÉLATON, Marquise DE NADAILHAC, Baronne DE PAGES, PAILLERON, GÉRARD PIOGEY, J. REYMOND, EMILE ROUSSEAU, A. ROY, F. ROY, PAUL SÉDILLE, JULES SIEGFRIED, Duchesse D'UZÈS, GEORGES VILLE, CHARLOTTE VILLE, Comtesse LOUIS DE VOGÜÉ.

AVIS IMPORTANT

L'Exposition des Arts de la Femme occupe entièrement trois salles du Musée des Arts décoratifs.

La 1re salle (P) comprend l'Exposition des industriels, des associations féminines et de quelques dames artistes.

La 2e salle (N) est plus spécialement affectée aux travaux des élèves des écoles de dessin et d'écoles professionnelles de jeunes filles.

La 3e (L) constitue le salon des travaux des femmes du monde.

Cependant, cette dernière section étant très importante, quelques œuvres ont dû être placées dans l'une des deux premières salles ou dans les salles adjacentes du Musée des Arts décoratifs. Dans ce cas, les objets exposés dans une autre salle que celle où est inscrit le nom de l'exposante sont suivis de la lettre indiquant la salle dans laquelle elles sont placées.

Les personnes qui désireraient acquérir des objets exposés sont priés de s'adresser à l'Administration.

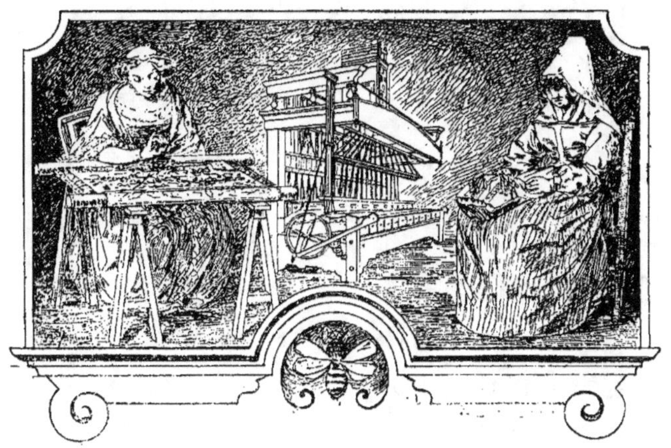

LISTE DES EXPOSANTS

1° GALERIE DES INDUSTRIELS

(Salle P)

~~~~~~~~~

UNION COMTOISE

DES ARTS DÉCORATIFS DE BESANÇON

~~~~~~~~~

PIERREY (Mme A.).

Robe, dentelle blanche, sur fond de tulle.

MOYSE (Mlle Régine).

Plateau, peinture sur métal.

BERTHOD-ANNEL (Mme).

Vide-poche brodé.

BOCQUET (Mme).

Coffret à bijoux émaillé.

BRESSAND (Mlle).

Éventail, dentelles et peinture.
Sachet, peinture et dentelle.
Écrans, peinture sur gaze.

LESBROS-DALPAYRAT (Mme).

Vases céramique.

FRANCESCHI (Mme Marthe).

Panneau peint (musique).

SARRON (Mlle).

Trois émaux pour bijouterie.

ADRIET (Les collaboratrices de la maison).

Rideau guipure, au fuseau.
Dentelle guipure, au fuseau.
Rideau dentelle renaissance, en soie, à l'aiguille.
Divers échantillons guipure écrue, au fuseau.
Échantillons passementerie, soie noire.

GUIGNARD (Mme).

Mouchoir, dentelle et broderie.

TAILLARD (Mlle).

Trois cadrans de montre, peinture.

ASSOCIATION DE L'AIGUILLE

GARNIER (Mme Marie).

Mantille blonde de soie blanche.

ISABELLE (Mme).

Trois fonds de chapeau brodés.

VIERPONT (Mme).

Coussin brodé, nuances or et argent, sur satin rouge.
Coussin brodé sur satin blanc.
Coussin brodé, nuances, sur satin blanc.
Broderie Louis XVI sur satin rose.
Broderie Louis XVI sur satin mauve.

GABRIELLE (Mlle).

Deux broderies sur velours vert et sur satin maïs.
Broderie or sur velours rouge.

CHAUVIÈRE (Mme).

Corsage brodé de perles d'or.

BERTHEAU (Mme Marie).

Fond de chapeau brodé.

TIGNET (Mlle Marguerite).

Feuille de paravent, broderie.
Coussins brodés.
Écrans, boîtes à jeux, boîtes à bijoux, papeterie (broderies).
Fauteuil brodé.
Bande broderie chenille.
Buvard.
Sac à ouvrage.

SOCIÉTÉ DE L'ADELPHIE

LEFÉBURE (Mlle).
Voile de fauteuil, filet brodé.

WALDNER (Comtesse Laure de).
Enluminures.

MATHIEU-LOLLIOT (Mme Marie).
Éventail, sur peau, encadré.

CHAFFAULT (Comtesse du).
Émail, Kermesse.

GLESS (Mme Adèle).
Tunique carlovingienne.
Écharpe brodée.
Éventail dentelle.

BECK (Mlle Julia).
Trois canons d'autel, enluminures.

MAUPEOU (Comtesse de).
Soufflet, peinture.
Coffret Louis XVI.

MAILLOT (Mlle Marguerite).
Écran brodé.

BLANDY (Mlle Jeanne).

Deux plats porcelaine.

SHAW et WAHLBOM (Mlles).

Cadre pyrogravure.
Tryptique.
Couverture de livre.
Deux panneaux bois sculpté.
Couteau à papier, pyrogravure.

NARJOLLET (Mlle).

Coussin brodé or.

BOULET (Mme Vve).

Coussin brodé double face.

FORMSTETTER (Mlle).

Illustrations pour les *Contes de la lune de miel*.

BRÉON (Mme Marie).

Chemise, empiècement tulle brodé.
Empiècement tulle brodé.

HIGGINSON (Mme).

Eventail, peinture sur crêpe monté nacre.

MARTIN (Mme M.).

Coussin anémones peintes sur soie blanche.

ORPHELINAT DES ARTS

Une plaque fleurs.
Une coupe Sèvres.
Une pendule.
Une assiette Sèvres.
Un plat dentelé carré.
Un plat dentelé ovale.

Une assiette dentelée.
Un épinglier Saxe.
Une bonbonnière.
Un manche canne.
Un plat ibis.

LINGERIE :

Un drap garni Valenciennes.
Une taie garnie Valenciennes.
Une nappe bordée à jour, 6 serviettes.
Une serviette à jour, 1 napperon.
Un tabouret, tapisserie Louis XVI.

INDUSTRIELS

(Salle P)

ARMBRUSTER (Mlle), avenue de l'Archevêché, 2, Lyon.

Portière, broderie sur satin.
Un écran brodé.
Un devant de robe brodé chèvrefeuilles sur satin bleu.
Éventail brodé sur crêpe.
« Odalisque », broderie.
Bandeau de cheminée, applications satin sur fond peluche.

BIAIS aîné et Cie (Les collaboratrices de). Rue Bona-
parte, 74.

Ornements religieux.
Broderies, chasuble, mitre, missels, voile de bénédiction.

BLAZY frères. Rue Turbigo, 15.

Reproduction d'œuvres d'art en tapisserie à l'aiguille, panneaux, tapis, coussins, écrans.

BRAQUENIÉ, Fabricant de tapis et tapisserie. A Paris :
Rue Vivienne, 16. Manufactures à Aubusson (Creuse)
et à Malines (Belgique).

Tapis, savonnerie.
Banquettes et tabourets.
Bouquet fleurs encadré.

COLLABORATRICES :

Mmes Legresil, Marie-Louise Maume, Octavie Maume,
Mariette Vernier, Françoise Chétif, Thérèse Boyer, Louise
Brandon, Marie Thévenin.

BUISSOT. Rue des Petites-Écuries, 46.

Eventails artistiques.

COLLABORATRICES :

Broderies : Mmes Mallerand, Jacquemin.
Peintures : Mmes Marie Dumas, Chennevière, Rodique,
Sylvain-Guillot, Ravaux, Lasellaz.
Les éventails ont été montés par Mme Lebreton.

CHATEL et TASSINARI fils. A Lyon : 11, place Croix-
Paquet ; à Paris : Rue des Petits-Champs, 82.

Soieries d'ameublement.
Couvre-pied brodé, panneaux, coussins, bandes, etc.

CHEVRIE. Rue de Braque, 7.

1 bahut, peinture à l'huile.
Un paravent, peinture sur verre et broderies sur soie.
Exécutés par Mme Gabrielle Neiter.

CROUVEZIER. Rue du Sentier, 24.

Drap brodé.
Taies d'oreiller et mouchoirs brodés.

COLLABORATRICES :

Pour la broderie : Mmes Ragot-Emon, Didier.
Pour les jours : Mme Marie de Saint-Irénée.
Pour la préparation : Mlle Juliette Grillon.

DILLMONT (Maison de). A Dornach (Alsace). Représentant à Paris : M. Joly, boulevard Sébastopol, 52.

Modèles de broderie, crochet et tricot.

DUGRENOT (Mlle). Avenue des Champs-Élysées, 50.

Broderies, dentelles, éventails, reproduction de passementeries anciennes.

DUTHU (Mlles). Avenue de Neuilly, 145.

Terres cuites modelées et décorées.

EVETTE (Maison Alexandre). Rue de Castiglione, 9

Éventails peints et brodés.

FRANCK (Mme). Rue de la Paix, 7.

Lingerie fine, drap, taies, etc.

HAMOT (Georges et René). Fabricants de tapis et d'é-
toffes d'ameublement. Rue Richelieu, 75.

Tapis, savonnerie.
Paravent brodé, coussins, banquettes, sommiers, couvre-
pied brodé.

COLLABORATRICES :

Mmes Marie Basenbergue, Jeanne Miemandre, Amélie Lan-
glois, Radigonde Barberolle, Marie Demay, Maria Brigand,
Louise Chatard, Marie Chirat, Marguerite Doget, Anastasie
Dumonteil, Julienne Chazeau, Émilie Chaumeton, Marie
Meaume.

HENRY. A la Pensée. Faubourg-Saint-Honoré, 5.

Tapisseries décoratives au nouveau point de la Pensée.
Bandes pour ameublements, coussins.
Écrans d'après les compositions de M. Edme Conty.
Cheminée et écran d'après la composition de M. Verneuil.
Écran brodé, éventail brodé, d'après Ed. Duez.
Composition d'écrans, de panneaux, de couvre-livres, de
cadres, de Luc Lévy.

LAMY et Cie. A Lyon : Quai de Retz, 3 ; à Paris : Rue
Richelieu, 112.

Soieries d'ameublement.
Couvre-pied brodé, panneaux, coussins, bandes, etc.

LEFÉBURE. Boulevard Poissonnière, 15.

Dentelles à la main.
Écharpes, mouchoirs, éventails, volants.

LEROUDIER (Mme). Lyon : 19, place Tholozan.

Cheminée ancienne, point de Saint-Cyr.

LIGNEREUX (Les collaboratrices de la maison).

Ouvrages de gainerie.
Sacs brodés.

GEORGES MARTIN (Compagnie des Indes), Rue Richelieu, 80.

Dentelles à la main.
Éventails, voiles, volants, mouchoirs.

RIEDTMANN (Mme). Rue Rollin, 7.

1 coussin point Hongrie.
1 tapis point de Hongrie.
1 bande points divers.

VAUGEOIS-BINOT. Rue Étienne-Marcel, 15.

Cartouche (armes de chevalerie), broderie d'or, épaulettes,
glands, passementeries et dentelles d'or.

WARÉE. Rue de Cléry, 19.

Rideaux dentelle renaissance en soie.
Rideaux dentelle application à l'aiguille, encadrements de
fenêtre, broderie d'or.

DAMES ARTISTES

(Salle P)

AMEN (Mme Jeanne).

Paravent, pavots sur fond or.

ABBÉMA (Mlle Louise).

Panneau décoratif (pavots) (salle N).
Plafond (salle N).
Trois études de fleurs (salle N).
Deux esquisses : 1° La Ville de Paris portant à Chicago les
    Arts de la femme ; 2° l'Amérique accueillant les nations
    à l'Exposition de Chicago (panneaux destinés au Woman's
    Building, à Chicago.

BARTHÉLEMY (Mlle Angèle).

Éventail laurier-rose.

BAUBRY-VAILLANT (Mme).

Cadre contenant : 6 dessins industriels.
Un coussin tapisserie.
Un tableau pêches (à l'huile) (salon).
Reproduction de pêches (en broderie).

BAZIN (Mlle).

Éventail iris.

BESNARD (Mlle).

Plat faïence encadré.

BILLOTEY (Mlle).

Potiche décorée.

BOAS (Mlle Lily).

Éventail.

BOILLAT (Mlle Lucie).

Éventail.

BOULET (Mlle Léonie).

« Les glaneuses ».
« Le patinage ».
Tapisseries encadrées.

BUSSIÈRE (Mme).

Broderie sur satin (point d'Aubusson).
Éventail brodé sur satin (point d'Aubusson) (salle N).

CAZE (Mme), à Moulins (Allier).

Portière brodée au passé et point florentin.

CHALA (Mme), 14, rue Cail, Paris.

Coussins, bandes, échantillons divers, fleurs en velours et en
  relief.

CHATEAUFORT (Mlle de).

Paravent, quatre feuilles fleurs, peinture sur étoffe.

CHAVAGNAT (Mlle Antoinette).

Plat, lilas sur fond or, peinture à l'huile.
Un paravent, pavots, roses trémières.
Petit paravent deux feuilles.

CLIQUOT (Mlle).

Paravent deux feuilles, paysage.

COTTIN (Mme Marthe).

« La Fortune », panneau décoratif.
Un cadre renfermant des dessins à la plume (salle N).

DÉTAINT (Mlle).

Travaux de gainerie.

DUMAS (Mlle Alice).

Éventail « pavots. »

DUPRÉ-BIRONNEAU (Mme.

Porte-parapluie, fleurs sur fond or.
Éventail, tête d'enfant.

FOURNIER (Mme).

Petit tapis.

FIDIDE (Mme).

Projets de reliure de livre.
Projet de décoration pour plat de faïence.
Dessins pour étoffe d'ameublement.

FLEURY (Mme M.), 8, rue du Parc-Royal.

Feuille de paravent : roses trémières, broderie relief.
Écran, oiseaux et fleurs (relief).

DESPOIS de FOLLEVILLE (Mlles).

Huit assiettes, porcelaine peinte.

ENNEÏRDA (Mlle).

Plat faïence encadré, jeu de couleurs.

GAUTIER (Mlle Marie).

Deux éventails encadrés, genre japonais.
Trois éventails montés.
Six planches de menus « japonais ».
Trois dessins.
Panneau, genre japonais.

GILLET (Mme L.).

Feuille paravent.

GIP (Mme Veuve Chaloupin), 58, rue des Dames.

Ornement d'église, peinture fleurs sur velours blanc.

GOUIN (Mlle Juliette).

Tapis, point de Hongrie.
Deux écrans à main (aquarelle).

GOUFFRAY (Mlle Noémi).

Canapé.
Divers spécimens de tapisserie.

GUYOT-TARBÉ (Mlle), à Sens (Yonne).

Œuvre d'assistance pour l'apprentissage des jeunes filles.
Gravures, impressions, vignettes, etc.

HIARD (Mme).

Plat porcelaine fleurs.

IMBERT (Mlle).

Petit tapis brodé.

JUBELLÉ (Mme).

Éventail, pivoines et cythises.

LUGOL (Mme Germaine).

Deux panneaux peinture sur toile, genre Gobelins.

MAGDELAINE (Mlle).

Quatre plats faïence.

MAYNARD (Mlle).

Panneaux, peinture sur velours.
Panneaux, peinture, genre Gobelins.

MOUSSY (Mlle Léonie).

Souvenir de première communion, enluminure.
Un tableau, peinture sur émail : « Jésus tombant sous la croix. »

NICOLIN (Mlle Cécile).

Plat en faïence.

OGIER (Mme).

Tapis de table, broderie sur madras.

PAMPIN (Mlle E.)

Dentelles.
Deux mouchoirs, dentelles.
Un couvre-lit, filet guipure.
Empiècement de chemise, broderie, dentelle.
Bonnet d'enfant, broderie et dentelle.

PERROU (Mlle).

Ouvrages au crochet.

POLY (Mlle C.).

Plat faïence encadré.

PRIEUR (Mlle).

Plat faïence encadré.

PRÉVEL (Mme Charlotte).

Peinture sur velours (la sainte Face) (salle N).
Deux panneaux de fleurs (salle P).

PROFFIT (Mme Vve).

Tapisserie.

RANDOLPH (Mme).

Portière, personnage brodé.

RICHARDIN (Mlle Mathilde).

Deux vitraux : Jean de Cardes et Jacquelin van Caëstre,
d'après Rubens.

SAINT-CRICQ (Mme la Comtesse de).

Éventail encadré.

SAINT-MAXEN (Mme).

Vase terre, décoré (salon).
Fantaisie japonaise, peinture transparente.
Broderie.

THOMAS (Mlle LUCY).

Éventail, fleurs de pommier.

VIDECOQ (Mlle).

Sachet brodé sur satin blanc.

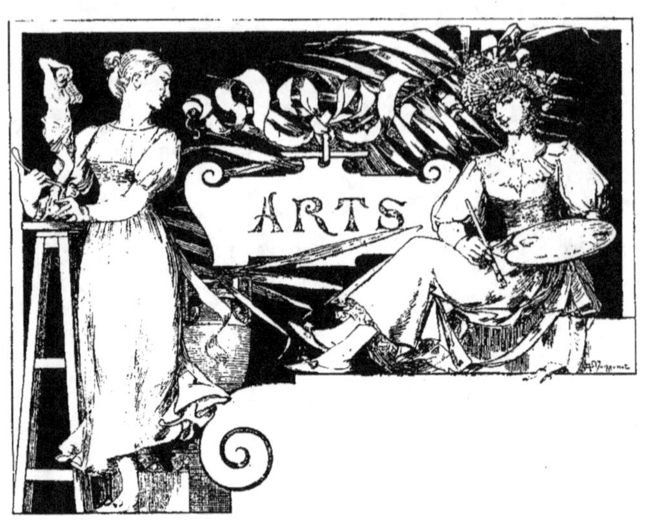

ENSEIGNEMENT — ÉCOLES
DAMES ARTISTES

(*Salle N*)

ÉCOLE NORMALE D'ENSEIGNEMENT
DU DESSIN DE M. GUÉRIN, 19, RUE VAVIN

COMPOSITIONS DÉCORATIVES

BELLANGER (Mlle Jeanne), élève de MM. Guérin et Grasset, 19, rue Vavin.

Composition : Couvertures de cahiers d'écoliers.

BLOC (Mlle), élève de MM. Guérin et Grasset, 19, rue Vavin.

Composition : Vase en faïence.

CHAPUIS (Mlle Jeanne), élève de MM. Guérin et Grasset,
19, rue Vavin.

Composition : Plat en faïence ; Composition pour étoffes.

CHAUVIN (Mlle Berthe), élève de MM. Guérin et Grasset, 19, rue Vavin.

Compositions :
Vase en faïence.
Bande de tapisserie.
Vitrail.
Porte de meuble, bois sculpté.
Composition pour étoffes.
Papier peint.

DELISLE (Mlle Jeanne), élève de MM. Guérin et Grasset,
19, rue Vavin.

Composition pour rideaux en dentelle.

DOUCET (Mlle Jeanne), élève de MM. Guérin et Grasset,
19, rue Vavin.

Composition pour étoffes.

GAUDIN (Mlle Marcelle), élève de MM. Guérin et Grasset,
19, rue Vavin.

Composition pour rideaux en dentelle.

GUILLAUDIN (Mlle Béatrice), élève de MM. Guérin et
Grasset, 19, rue Vavin.

Compositions :
Vase en grès.
Vase en argent.
Exécution d'un vitrail (salle P).
Couvertures de cahiers d'écoliers.

HERWEGH (Mlle Emma), élève de MM. Guérin et
Grasset, 19, rue Vavin.

Compositions :
Composition pour dentelles.
Composition pour faïence.
Vase en faïence.
Frise en tapisserie.
Cadre à volets (concours de la Société d'encouragement).
Deux reliures (concours de l'Union centrale des Arts déco-
ratifs).

HERVEGH (Mlle Ada), élève de MM. Guérin et Grasset,
19, rue Vavin.

Composition pour étoffes.

MANGIN (Mlle Marcelle), élève de MM. Guérin et Grasset,
19, rue Vavin.

Composition : Vase en faïence.

MARTIN (Mlle Anna), élève de MM. Guérin et Grasset,
19, rue Vavin.

Compositions :
Lampe (concours du Louvre, 1894).
Console en bois sculpté.
Vase en argent.
Frise en tapisserie.
Dessin pour étoffes.
Composition pour le journal *L'Art décoratif*.
Couverture de cahier d'écolier.

MILÉSI (Mlle Juliette), élève de MM. Guérin et Grasset,
19, rue Vavin.

Compositions :
Chandelier (fer forgé).

Pied de Chenet (fer forgé).
Vase en faïence.
Lampe (concours du Louvre 1894).
Frise, tapisserie.
Vitrail exécuté (salle P).

MOUSET (Mlle Madeleine), élève de MM. Guérin et
  Grasset, 19, rue Vavin.

Compositions :
Vase en faïence.
Bande en tapisserie.
Plat en émail cloisonné.
Vitrail.

POIDEVIN (Mlle Aline), élève de MM. Guérin et Grasset,
  19, rue Vavin.

Compositions :
Vase en faïence.
Vase en grès.
Papier peint (roses de Noël).
Papier peint (1er prix du concours de la Société d'encoura-
  ragement à l'Art et à l'Industrie, 1891).
Exécution de ce papier par M. Joanny.
Plateau en émail cloisonné.
Lampe (concours du Louvre).
Couvertures pour l'Art décoratif moderne.
Porte de petit meuble (bois sculpté).
Composition pour étoffes.

PONCET (Mlle Jeanne), élève de MM. Guérin et Grasset,
  19, rue Vavin.

Composition : Vase de faïence.

ECOLE SOPHIE-GERMAIN

9, RUE DE JOUY

Directrice : *Mme CHEGARAY*

COMPOSITIONS DÉCORATIVES

BARNOY (Mlle Marie).

Composition décorative.

BONNETAIN (Mlle Élise).

Dessins industriels.

COURRAS (Mlle Cécile).

Étude de fleurs d'après nature.
Dessins industriels.

HÉRAUD (Mlle Alice).

Études d'après la fleur.
Éventail.
Dessins industriels.

LAGROUE (Mlle Marie).

Dessin, entête de chapitre.

PETIT (Mlle Lucile).

Étude d'après la fleur.

RAGOT (Mlle Marguerite).

Dessins industriels.

ROCHARD (Mlle Blanche).

Deux compositions encadrées,

ROULLET (Mlle Marie-Louise).

Deux compositions dans un cadre.

ÉCOLE DE Mme THORET

Cours du VIe arrondissement.

3, RUE MADAME

COMPOSITION, PEINTURE SUR ÉMAIL

RÉAPPLICATION DE DENTELLES ANCIENNES

ANTHEAUME (Mme Émilie).

Réapplication de dentelles anciennes (salle P).

CHARRIÈRE (Mlle M.), élève de Mme Thoret,

Projet de dessus de coffret en marqueterie de bois.

DARGENT (Mlle H.), élève de Mme Thoret.

Dessin de coffret en marqueterie de bois.

GAUDIN (Mlle), élève de Mme Thoret.

Éventail : Cigogne.

GUÉRY (Mlle), élève de Mme Thoret.

Trois émaux sujets divers.

GUILHEM (Mlle Amélie), élève de Mme Thoret.

Plaque émail.

IMBS (Mlle E.), élève de Mme Thoret.

Dessin de plat.

LAUZANNE (Mlle B.), élève de Mme Thoret.

Dessus de coffret en marqueterie de bois.
Dessin de plat.

MANDART (Mlle).

Émail, Étude.
— Le Christ portant la croix.
— Sujet religieux.
Soucoupe émaillée.

MERCUSOT (Mlle), élève de Mme Thoret.

Vases faïence émaillée.
Plaques émail.
Vases cuivre émaillé.
Trois assiettes faïence.

MUFFANG (Mlle), élève de Mme Thoret.

Émail, le Christ portant sa croix.
Portrait émail.
Plaque émail, Adoration des mages.

RICHARD (Mlle Henriette), élève de Mme Thoret.

Émail : Naissance du Christ.
— Portrait.
— L'Amour dormant.
— Guerrier.
— Charlemagne.
— Henri IV.

ROTTÉE (Mlle Marie), élève de Mme Thoret.

Projet d'écran.
Dessus de coffret.
Dessin de plat.
— potiche faïence.

ROUVILLE (Mlle), élève de Mme Thoret.

Deux assiettes peintes.

ECOLE DE Mme MACNAB

Cours du IXe arrondissement.

5, RUE MILTON.

BOUCHER (Mlle).

Composition d'un plat en faïence.

CHANDELLIER (Mlle Marie).

Composition d'un lambrequin de cheminée.

DESGRANGES (Mlle Jeanne).

Éventail.

DOUYLAN (Mlle).

Composition pour un flambeau.

LECOURT (Mlle J.).

Projets d'aiguières.
Composition d'un panneau de marqueterie.

RAOUX (Mlle Antoinette).

Projet pour encadrement de dentelles.

COURS DE Mlle CAVAILLÉ-COLL

21, RUE DU VIEUX-COLOMBIER

DESSINS INDUSTRIELS

GUITEL (Mlle Flore).

Composition, décoration.
Collection de menus.

DAMES ARTISTES

BERTHIER (Mlle).

Feuilles de missel.

BIGOT (Mme).

Un thermomètre Louis XVI.

BOUCHEROT (Mlle Zulma).

Éventails : 1° les arts ; 2° fuchsias.

BOUSQUET-GENTY (Mme).

Gravures sur bois : le Doyen de la mine.
Portrait de Mme Coquelin.

BOYER (Mlle Emma).

Enluminure.

BRUGNIOT (Mlle).

Éventail (clématites).

BULOT (Mlle Delphine).

Paravent, quatre feuilles, peinture à l'huile.

CLIQUOT (Mlle Antoinette).

Panneau de salle à manger (nature morte).

COLOMBO-BILLOTEY (Mme).

Paravent, quatre feuilles peinture.

COTTIN (Mme Marthe).

Un cadre renfermant des dessins à la plume.

CRESTY (Mme).

Paravent, aquarelle fleurs.
Missel, enluminure.

DESCAMPS-SABOURET (Mlle), 11, rue de la Présentation.

Printemps, peinture sur émail.
Tournesols et jasmins de Virginie, plat faïence encadré.

DREUX (Mlle).

Feuilles de paravent (fleurs).

DURAND (Mlle Madeleine).

Une feuille, enluminures.
Canons d'autel, enluminures.

ESPINOIS-MARCEL (Mme).

Éventail : églantines.

FÉLIX (Mlle Marie).

Gravure originale à la pointe sèche (cigogne).

FORMSTETTER (Mlle Bertha).

Panneau, fleurs et fruits.

FOUILLARD (Mme Marie).

Feuillets de missel.

GAILLARD (Mlle).

Sachet à chemises : bouquet peint sur satin blanc.

GANDERAX (Mme Louis).

Un abat-jour peint.
Deux cadres à photographies.
Un cadre almanach.
Un couvre-théière brodé argent.
Deux éventails encadrés.
Une boîte, dessus brodé.

GÉRIN (Mlle Marguerite).

Table pyrogravée.

GÉRIN (Mlle Renée).

Éventail encadré.
Vase en faïence.

GRAND (Mme M. T.)

Cadres, enluminures.

GORCEIX (Mlle).

Pages de missel.

HERMAN (Mlle Louise).

Panneaux (projets pour paravent).
Panneaux décoratifs aux trois crayons.
Trois titres de musique.

JACQUINOT (Mlle Marguerite).

Panneau décoratif.
Paravent Louis XVI.

JOUFFROY (Mlle Marthe de).

Six études de fleurs pour les panneaux décorés du château
de M. le Comte de B...

KRUG-BASSE (Mme).

Canons d'autel, enluminures.

LABITTE (Mme Alphonse).

Feuilles d'un missel, moyen âge, dessinées au trait.

LAISNÉ (Mlle Gabrielle).

Écran de cheminée, aquarelle fleurs.

LORAIN (Mme Paul).

Cylindre faïence, camaïeu bleu.
Bouteille, terre rouge.
Aiguière et plat faïence.
Vase terre crème.
Plat poterie vernissée.
Petit vase et cendrier.
Cadre pyrogravure.
Glace, cadre pyrogravure, cadre et émail.

LOUPPE (Mlle Blanche).

Éventail, oiseaux et mûres.
« La Mère », peinture sur porcelaine.

MAGNIANT (Mlle Jeanne).

Cadre contenant quatre dessins de mode.

MAILLOT (Mlle A.).

Dessins industriels et d'architecture (deux planches).

MANSUY (Mme).

Émail, station de chemin de croix.

MERCIÉ (Mlle Jeanne).

Enluminures.
Un éventail.

NICOLIN (Mlle Cécile).

Dessins industriels.
Broderies, point d'Aubusson.

NOURY-ROGER (Mme E.), de Meaux.
Tête de Minerve, émail.

PERRIN (Mlle Léonie).
Éventail marine.

RAVAUX (Mlle R.).
Éventail encadré.

RENARD (Mlle Blanche, Mme Gudin).
Éventail iris.

RENARD (Mme).
Deux assiettes, terre cuite.
Vase, terre cuite.

RICHON (Mlle Cécile).
Dessins et modèles pour les industries décoratives.
Broderies, point d'Aubusson.

ROCHARD (Mlle Blanche).
Études d'après la plante.

ROQUES (Mlle).
Broderies.

ROULLET (Mlle Marie-Louise).
Deux tableaux tapisserie.

TRÉBUCHET (Mme Marie).
Paravent : Fleurs à l'aquarelle.
Écran : Fleurs à l'aquarelle.

VAN PARYS (Mme).

Esquisses décoratives (pour le Palais des Femmes à Chicago):
1° Panneau : les Arts de la Femme : aimer, plaire, se dévouer.
2° Panneau : Influence de la Femme dans les Arts ; elle pleure
avec le poète, le console, le glorifie.

VORUZ (Mlle).

Cadre contenant diverses illustrations.
Panneaux décoratifs (plantes aquatiques).
Projet de papier de tenture.
Eaux-fortes.

VUILLEMIN (Mlle).

Panneaux : Clématites.
Avoine et Chardons (cadre pyrogravé).
Violettes et Mimosas.

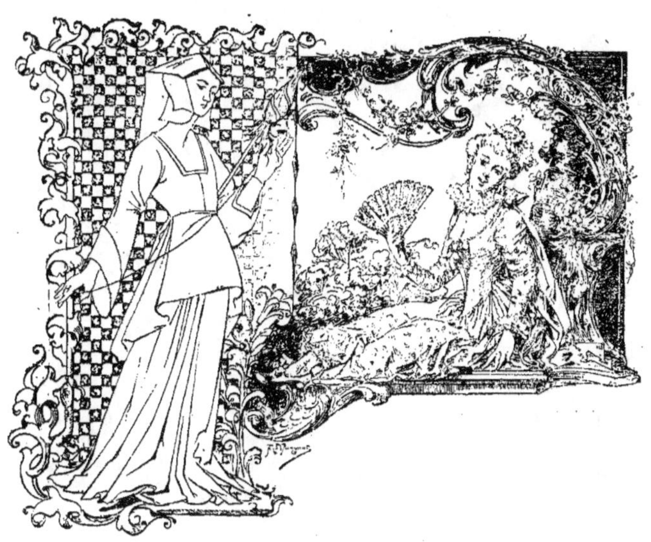

SALON

(Salle L)

~~~~~~~

ADELON (Mme).

Un coffre vernis Martin.
Un buvard —   —
Une têtière de fauteuil brodé.
Un sac de velours brodé.
Une palette (chats), peinture à l'huile.
Un fixé sur boîte à jeu.
Un — sur porte-cartes.
Un — sur carnet.
Un — dans un cadre doré.
~~~~~~~

AGUADO (Mme la Comtesse O.).

Panneau, fleurs en rubans.

ALLIOLI (Mme Maurice).

Tapis madras brodé.

BAIGNIÈRES (Mme).

Chaise d'enfant brodée.

BALFRY (Miss).

Napperon, guipure (salle N).

BAYE (Mlle Marie-Louise de).

Mouchoirs de dentelle.
Col dentelle.

BEAUVAIS (Mlle Marguerite).

Bouquet de fleurs artificielles.

BEAUVAU (Princesse de).

Chasuble et dalmatiques (broderie moyen âge) enrichie de
    cabochons, brodé pour M. l'abbé Deguerry, curé de la
    Madeleine (salle K).

BELLEMARE (Mme).

Une vitre d'intérieur, fleurs naturelles.
Un petit paravent, fleurs naturelles entre 2 gazes.
Une paire d'écrans à bougies, fleurs naturelles·
Un écran de lampe, fleurs naturelles.
Deux sacs en filet de soie.

BERGHES (Duchesse de).

Chasuble moire blanche, broderie moyen âge.

BIBESCO (Mme la Princesse Georges).

Autel décoré, pyrogravure.
Prie-Dieu, pyrogravure.
Meuble breton, pyrogravure.
Panneau : *la Sainte Famille*, pyrogravure.
Table ménagère, pyrogravure.
Escabeau, pyrogravure.
Sac à ouvrage, pyrogravure sur satin.
Buvard, pyrogravure sur cuir.
Deux sujets, pyrogravure sur ivoire.

BOJANO (Duchesse de), née Carafa de Noja.
Éventail, dentelle.

BOUILHET (Mlle).
Cheminée, applications de satin sur peluche.

BOUILLERIE (Mme la Comtesse Pierre de la).
Deux éventails, broderies et peinture.

BRETON (Mme L.).
Chasuble brodée.

BRISSAC (Duchesse de).
Éventail « glaïeuls ».

BROGLIE (Mme la Princesse de).
Paravent, broderies et paillettes.
Deux couvertures de livres, brodées.
Dentelles, genre Venise.
Soieries brodées.
Boîtes à poudre, brodées.

BROUARDEL (Mme Laure).

Un grand panneau, peinture décorative, paysage.
Deux éventails.
Un paravent, 4 feuilles, broderie et application.

CHARCOT (Mme).

Cabinet décoré d'émaux.
Hanap, cristal émaillé (genre Bohème).
Table, argent repoussé.

CHARCOT (Mlle).

Panneau, pyrogravure.

CHARTRES (Duchesse de).

Aquarelles.

CHAZAL (Mme).

Cabinet, applications cuir (genre japonais).
Paravent, quatre feuilles (genre japonais).
Tapis brodé, applications drap.

CHRISTOFLE (Mme Paul).

Dame-jeanne peinte, monture vieil argent.
Lambrequin brodé.
Tapis brodé, or paillettes et cabochons.

CICILLE (Mme A.).

Napperon, guipure.
Collection de 20 macramés différents.
Bande macramé à personnages.

CLERMONT (Mme de).

Fauteuil brodé.

CLERMONT (Mlle Germaine de).

Chaise brodée.

CLERMONT-TONNERRE (Mlle Anne).

Écran, broderie paillettes.

COLIN (Mme Paul).

Chemin de table brodé.

CORBION (Mme Poulain de).

Coffret renaissance, cuir repoussé.
Album, cuir repoussé.
Buvard et carnet.

CORNILLE (Mme).

Deux chaises et une table, en cuir pyrogravé.

COSSÉ-BRISSAC (Mme la Comtesse Pierre de).

Chaise brodée.

CRÉMIEUX-AVIGDOR (Mme).

Coussin brodé.
Bouquet de fleurs, broderie relief.
Bande filet.

DEFOSSE (Mme).

Modèle tapisserie sur fond bleu, représentant un décor de
Rouen (salon Louis XVI).

DENIS (Mme), 116, avenue de Villiers.

Essuie-mains, broderie fils tirés.

DERRÉCAGAIX (Mme la Générale).

Un grand panneau brodé (copie d'un drapeau espagnol).
Un éventail peint et brodé paillettes.
Deux écrans à main.
Un petit écran sur pied, broderie rubans.
Un chemin de table.
Un paravent, pyrogravure.
Un plateau, pyrogravure.
Plat en faïence.

DESFOSSÉS (Mlle Marthe).

Assiettes, tasses, vases porcelaine de Saxe.

DIETZ-MONNIN (Mme).

Fauteuil brodé, tapisserie.

DUBUISSON (Mlle).

Couverture de livre, aquarelle.

DUCHANOY (Mme).

Écran de cheminée, en tapisserie faite à la main.

EICH-FRANCOTTE (Mme).

Pièce brodée, or et argent.

EMERY (Mme Louise).

Corsage, broderies anciennes et dentelles au fuseau (salle P).

EPHRUSSI (Mme Jules).

Un semainier, broderie au petit point.
Dentelle renaissance.
Dentelle, point de Venise.
Cordon de sonnette, tapisserie au petit point.

ÉQUER (Mme).

Tapis de table, bande tapisserie, point des Gobelins.

ESTISSAC (Mme la Duchesse d').

Un buvard, broderie de chenille.
Un abat-jour empire.
Un porte-parapluie, terre cuite décorée.
Une potiche, terre cuite décorée.
Une chasuble, velours violet, brodée or et personnages.

FLORIAN (Mme la Comtesse de).

Une grande portière, applications de drap sur drap.

FUCHS (Mlle Noémi).

Deux éventails montés.
Trois plateaux, pyrogravure.

GARNIER (Mme).

Éventail, dentelle renaissance.

GARTEMPE (Mme la Baronne de).

Six éventails montés.
Dentelles à l'aiguille.
Grand écran brodé au passé.

GENOUILHAC (Mme la Vicomtesse de).

Un mouchoir, dentelle Louis XV.
Une garniture de corsage Louis XV.
Deux garnitures de manchettes Louis XV.

GÉRARDIN (Mlle).

Paravent de table, peinture à l'huile (salle N).

GERMAIN (Mme Marguerite).

Écran chrysanthèmes, aquarelle.

GOBLET (Mme René).

Dentelles.
Broderies (salle P).

GOSSELLIN (Mme Léon de).

Un tableau, tête de Christ, brodé.
Douze pommes dans un panier, broderie.
Un petit écran à main.
Un panier brodé.
Un porte-éventail, ruban moire bleue, bouquet de roses.
Un sachet, personnage brodé.
Un dessus de coussin brodé.
Un écran à pied, chrysanthèmes en ruban.
Un vide-poches brodé.

GREFFULHE (Comtesse), née La Rochefoucauld.

Devant de robe brodé Louis XVI.
Calendrier brodé.
Boîtes à bonbons.
Mules brodées, paillettes.
Abat-jour brodé.

GRIMAUD (Mlle Manuélita).

Abat-jour (salle N).

GROLLIER (Mme la Marquise de).

Trois éventails montés.
Un abat-jour, aquarelle et dessins à la plume.

HARDON (Mme A.).

Tablier en guipure, renaissance.
Mouchoir, dentelle.
Entre-deux, point de Venise.
Deux volants, dentelle.

HAYE (Mme François de la).

Dessus de lit Louis XIV, application.
Lambrequin, broderie, application.

HAYE-JOUSSELIN (Mme de la).

Paravent peint, prêté par Mme la Duchesse d'Uzès.

HENDECOURT (Mlle d').

Un abat-jour, aquarelle : « Ce qu'on pense, ce qu'on dit ».

HURISSEL (Mme Ch.).

Bande brodée.

IMBAULT (Mme).

Volant dentelle blanche,	(hauteur 0,55.	
Mouchoir	—	—
Col	—	—
Barbe	—	—
Barbe	—	—
Volant	—	hauteur 0,15.

ITASSE (Mlle).

Vase terre cuite, personnages en relief (genre Chéret).

JACCOUD (Mme).

Macramés.

JARGOIS (Mme).

Un petit bonnet de baptême en frivolité.

JESSÉ (Mme la Comtesse de).

Service à thé brodé (salle M).

JEULIN (Mme).

Mouchoir, dentelle (salle P).

JOUBERT (Mme).

Deux abat-jour garnis de macramé.
Deux petits tricots.
Une couverture de livre brodée, damas vert.
Un voile de fauteuil, damas blanc (salon Louis XVI).

JOURNÉ (Mme P.)

Coussin brodé.

JUTEAU (Mlle Emma).

Table gigogne, pyrogravure.
Etagère,   —
Coffret,   —

KUNTZELMANN (Mme).

Mouchoir, dentelle.

LANDAISERIE (Mme).

Bande madras brodé.
Chaise d'enfant brodée.

LASSÈRE (Mme).

Un mouchoir, dentelle faite à l'aiguille (travail vénézuélien).

LECHEVALLIER (Mme).

Bande tapisserie, petit point et point de Hongrie, dessin renaissance.

LECREUX (Mme G.).

Bande brodée or et soie, applications sur moire verte (salon
Louis XVI).

LEMOINE (Mme Paul).

Têtière, ouvrage norvégien.

LEROY (Mme Henry).

Une étole brodée perles.

LEVYLIER-GOUDCHAUX (Mme).

Une boite, tapisserie.
Deux tapis brodés.
Un sac à ouvrage, applications brodées et dorées.

LOUVET (Mlle).

Émaux.

MAC-NAB (Mme Charles).

Table garnie de dentelle brodée.

MAILLET (Mme Albert).

Rideaux brodés, fleurs, nuances sur tulle blanc (salon
  Louis XVI).

MAUPEOU (Mme la Comtesse de).

Quatre cadres, broderies paillettes (salon Louis XVI).
Une boîte, broderies paillettes (vitrine de l'Adelphie).
Une nappe en macramé.
Un tuyau porte-parapluie.
Un paravent porte-photographies, laqué blanc et fleurettes
  peintes.

MÉLOIZES (Mlle Renée des).

Une table en vernis Martin.
Deux miniatures.
Deux assiettes, porcelaine de Saxe.
Une garniture de toilette en vernis Martin.
Quatre brosses.
Trois boîtes.
Un peigne.
Une glace à main.

MERBITZ (Mlle Marguerite de).

Un fond de bonnet, crochet et jours à l'aiguille.
Deux volants dentelle, point à l'aiguille.

MERBITZ (Mme la Baronne de).

Barbe, application dentelle.
Fond de bonnet, dentelle, application.

MONIOT (Mlle).

Email.
Une miniature.

MONTBRON (Mlle Anne de).

Un éventail monté.
Un éventail en feuille (salon Louis XVI).
Huit pages de missel   d°
Deux assiettes faïence.

MOREAU-NÉLATON (Mme Adolphe).

Vases, plats et potiches en faïence, grand feu.

N... (Mme).

Deux écrans à bougie.

NADAILHAC (Mme la Marquise de).

Portière peluche, broderie or et argent.
Panneau brodé (salle N).

NICOLAS-RAVENEZ (Mme)

Un bandeau de cheminée, tapisserie au petit point, genre
    ancien.

NIEPCE (Mme Alph.).

Une glace à main, vernis Martin.

NIVIÈRE (Mlle Hélène).

Petit paravent, trois feuilles, miniatures.

PAGES (Mme la Baronne de), née Comtesse de Corneilhan.

Dessus d'ombrelle en frivolité (salon L).
Coussin.
Dentelles.
Robe javanaise.
Fichu brodé.
Ceinture brodée sur fil d'ortie.
Pointe de mousseline brodée.
Mezzaro de Gênes.
Trois portefeuilles brodés.
Sac brodé or et soie.
Écharpe de bayadère.

Salon Louis XVI.

PAILLERON (Mme Édouard).

Couvre-lit brodé.
Canapé brodé
Deux coussins brodés argent.
Deux bonnets brodés or (copie de bonnets de Bavière).
Porte-éventail.
Glace brodée argent.
Broderie or.
Quatre boîtes à bijoux.
Deux boîtes brodées soie.
Trois fenêtres (vitraux) (salle P).

PAILLET (Mme Jeanne).

Deux coussins dentelle.

PONCET (Mlle J.).

Buvard, aquarelle (salle M).

PORTIER (Mlle Marguerite).

Abat-jour peint.

POUPINEL (Mme G.).

Tapis brodé.

PUAUX (Mlle Jeanne).

Calendrier peint.
Cadre de portrait peint.

RADZIWILL (Princesse).

Deux panneaux brodés.

RAIMBERT (Mme).

Un cadre, broderie paillettes.
Deux écrans à mains, paillettes (salon Louis XVI).
Un éventail pailleté,   d°

RESSIGA (Mme Jeanne).

Une nappe, dentelle.
Deux coussins brodés.
Un dessus de table.

REYMOND-DEVILLE (Mme).

Éventail : « Souvenir des fêtes franco-russes ».

RIBES (Mme de).

Coussin brodé.

ROCHETTE (Mme la Baronne de la).

Une portière, satin blanc brodé, dessin chinois.
Un grand paravent à 4 feuilles, satin blanc, brodé chenille.
Écran : Coq brodé, chenille sur satin noir.
Petit paravent, satin rose brodé paillettes.

ROTALIER (Mme la Vicomtesse de).
Éventail (salle P).

ROUSSEAU (Mme Émile).
Paravent : Panneaux peints, danseuses.

RUEDA Y RUIZ (Mlle Francisca Garcia de).
Mouchoir, broderie blanche en relief (salle M).

SAINTE-ANNE (Mme de).
Deux émaux : « La peinture et la céramique ».

SAY (Mme Léon).
Broderies.

SIEGFRIED fils (Mme Jules).
Un tabouret, trèfle décoré de pyrogravure.

SÉGUR (Comtesse Paul de).
Triptyque brodé.
Étagère, brodée.
Petite bibliothèque, panneaux brodés.
Paravent, deux feuilles brodées.
Deux tableaux, fleurs et fruits, brodés.
Sac à ouvrage.

SAPHO (Mme Rachel).
Un éventail, peinture « myosotis ».

TAILFER (Mme).
Deux fauteuils brodés.
Deux panneaux, brodés soie sur toile grise.

THÉRON (Mlle J.).

Un mouchoir, dentelle.

THIBOUST (Mme Georges).

Chaise brodée au passé (salon Louis XVI).

UZÈS (Mme la duchesse d').

Trois panneaux décoratifs (cires), représentant les panneaux
  de la salle à manger du château de Bonnelles.
Dentelle renaissance.

VILLE (Mlle Adèle-Georges).

Deux panneaux, fleurs, gouache.

VILLE (Mme Charlotte-Georges).

Panneau brodé, genre japonais.

VIOLAINE (Mme de).

Gaine de pendule en vernis Martin.

WALDECK-ROUSSEAU (Mme).

Fauteuil garni de macramé.
Métier à macramé en vernis Martin.
Petit bureau, vernis Martin.
Coffret en cuir décoré, pyrogravé et peint.

WEIL (Mme).

Paravent brodé.

WILKINSON (Mme).

Panneau brodé, chrysanthèmes en rubans.
Un paravent.
Une feuille brodée.

ZOBOROWSKA (Mme Gabrielle).

Éventail, « Plaisirs d'été ».

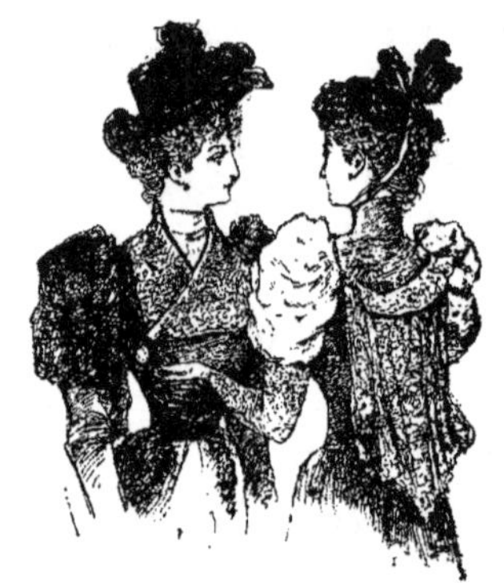

TABLE ALPHABÉTIQUE

A

B

C

D

E

F

G

K

L

M

T

U

V

W

Z

Paris. — Imprimerie A. Warmont, galerie d'Orléans, 22-24 (Palais-Royal).

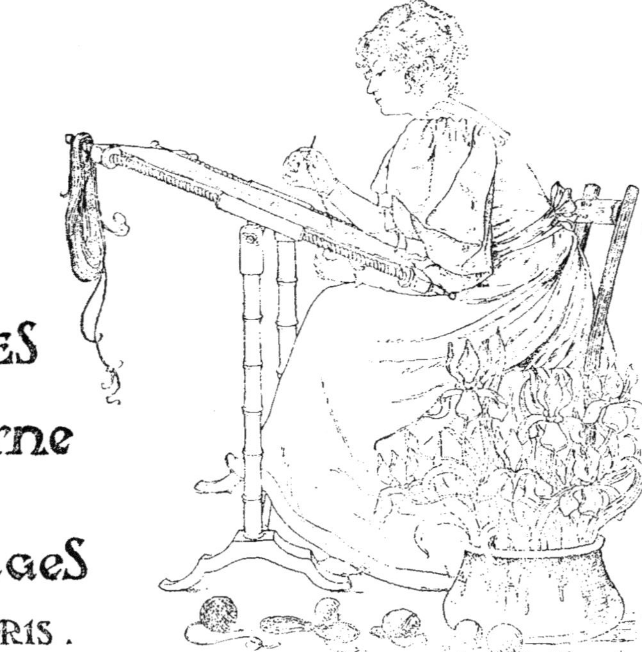

Médaille d'or à l'exposition Universelle de 1889
HENRY
A La Pensée
Travaux à l'aiguille
Tapisseries Décoratives
Style Moderne
Fournitures Pour
Tous Ouvrages
5. Rue du Faubourg St Honoré . Paris .